¡Viva el toro!

Written by Lisa Ray Turner
and Blaine Ray

Written by Lisa Ray Turner and Blaine Ray
Illustrations by Laia Amela Albarran

Published by:
TPRS Books
9830 S. 51st Street B114
Phoenix, AZ 85044
Phone: (888) 373 1920
Fax: (888) 729 8777
www.tprsbooks.com
info@tprsbooks.com

ISBN: 978-1-60372-188-2
ISBN: 1-60372-188-6

Índice

CAPÍTULO 1
Impresiones de Sevilla

Cristina estaba en el aeropuerto. Miró alrededor. No lo podía creer. Estaba en España. Estaba en la tierra del flamenco y de los toros, Picasso, Cervantes y Hemingway. Estaba muy emocionada de estar en España. Iba a vivir en Sevilla por unos seis meses. Todo era muy emocionante.

Cristina salió del avión en el aeropuerto de Sevilla. Había tanta gente. Era como el aeropuerto de Los Angeles. Gente por todas partes, gente de varias razas. La mayoría de la gente en el aeropuerto de Sevilla tenía el pelo negro y ojos castaños o negros. La mayoría llevaba ropa de colores brillantes. Cristina vio a algunos americanos que estaban en el avión con ella. Le parecía que ellos no sabían adónde ir. Tenían cara de turistas. Cristina parecía impaciente, miraba su reloj y veía por todos lados. ¿Dónde estaría su familia nueva? La familia de Marco iba a estar allí en el aeropuerto cuando ella llegara. Cristina los buscó pero no los vio. No sabía qué apariencia tenían ellos.

1

Cristina sabía que había un padre y una madre en la familia y además había tres niños. Los niños se llamaban Carmen, Laurita y Pedro. Carmen tenía diecisiete años como Cristina. Laurita tenía catorce y Pedro tenía ocho años. Era una familia normal de Sevilla, como la familia de Cristina en California. No eran ricos ni pobres. No eran famosos. El padre era cartero. La madre se quedaba en casa con los hijos. Carmen iba a una escuela secundaria. Pedro y Laurita iban a una escuela para alumnos menores. Cristina vio a un hombre y a una mujer con dos chicas y un chico. ¿Era la familia de Marco? Una de las chicas tenía un letrero en la mano con el nombre CRISTINA.

Cristina se acercó a la chica y le dijo:

—¿Uds. son la familia de Marco?

La chica sonrió y le dijo:

—Sí. Tú debes ser la chica de los Estados Unidos.

—Sí —le dijo Cristina—. Soy de los Estados Unidos.

—Soy Carmen —le dijo la chica con una sonrisa grande.

Era muy bonita. Tenía el pelo largo color castaño con ojos castaños también.

—Estos son mis padres, Miguel y Rosa de Marco.

Los de Marco le dieron un beso en cada mejilla a Cristina y le dijeron:

—Bienvenida a España, la tierra del sol, de la música y de la hermosura.

—Estamos muy felices de tenerte aquí con nosotros —le dijo la Sra. de Marco—. Sabemos que te va a gustar aquí. Es muy bello.

La otra chica sonrió y le dijo:

—Soy Laurita.

Laurita era menor que Carmen. Las dos chicas eran muy parecidas. Tenían el pelo largo y castaño con ojos castaños.

El chico estaba emocionado. Saltaba y le preguntó:

—¿Tú vienes de América?

El chico era muy gracioso. Tenía el pelo y los ojos negros. Llevaba jeans con una camisa roja.

—Sí, soy Cristina y soy de América.

3

—Tú eres muy bonita —le dijo el chico.

—Gracias —le dijo Cristina.

—Me llamo Pedro.

—Es mi hermanito. Sabes que los hermanitos son un poco tontos.

Cristina sonrió. Sabía como eran los hermanos. Tenía un hermanito también en California pero no era tan pequeño como Pedro.

—Vamos por tus maletas y después a la casa —le dijo el Sr. de Marco—. ¿Estás cansada?

—Sí —le dijo Cristina—, muy cansada. Estuve en el avión por mucho tiempo.

—¿Cuántas horas? —le preguntó.

—Once horas —le respondió.

—Es mucho —le dijo Pedro—. California está muy lejos de España, bastante lejos.

Todavía Cristina no extrañaba California. Pensaba que no lo iba a extrañar mucho. Esta era la segunda vez que estaba lejos de su casa. La otra vez fue cuando ella fue a México. A Cristina le gustaba viajar. Le gustaba conocer lugares nuevos. Le gustaba estar en España aunque no sabía hablar español muy bien.

—Vamos a casa —le dijo la señora de Marco—. Casi es hora de cenar.

"¿Cenar?" se preguntó Cristina y miró su reloj.

Pensó:

"Comen tarde aquí en España."

Al ir a la casa, Cristina miraba las calles estrechas y curvadas. La mayoría de los autos eran más pequeños que los de los Estados Unidos.

Sevilla era una ciudad vieja. Había muchas iglesias viejas y edificios antiguos. Pasaron por la Torre de Oro, que fue construida en el siglo 13. Pasaron por palacios antiguos con jardines elegantes que tenían flores rosadas y blancas. Pasaron por plazas con estatuas y fuentes hermosas. Pasaron por tiendas pequeñas. Había mucha gente en las calles.

—A la gente española le encanta pasear por la ciudad y hablar con amigos —le dijo la señora de Marco a Cristina.

—¡Qué bueno! Me gusta —le contestó Cristina.

Pasaron por un río grande y hermoso.

—El río se llama Guadalquivir —le dijo la señora—. Cristóbal Colón salió para América desde este río.

Después, pasaron por la iglesia más grande que Cristina había visto en la vida.

—Es la catedral de Sevilla y la torre de la Giralda —le dijo el Sr. de Marco—. Es muy famosa. La única catedral más grande en Europa que la de Sevilla es la catedral de San Pedro en Roma.

—Es muy impresionante —le dijo Cristina.

—Además, Cristóbal Colón está enterrado allí. Algunas personas creen que el cuerpo de Colón está en la República Dominicana pero nosotros los españoles no creemos eso. Al entrar en la catedral vas a ver la tumba de Colón.

Cristina había visto fotos de la catedral pero al verla, parecía más grande e impresionante.

Después pasaron por un edificio grande y redondo. Era blanco y dorado. Era muy hermoso. Parecía un estadio de fútbol.

—¿Es el estadio de fútbol? —preguntó Cristina.

Cristina no pensaba que jugaban al fútbol americano en España. El fútbol americano es muy popular en los Estados Unidos. Casi todas las ciudades grandes en los Estados Unidos tienen un equipo de fútbol americano. Pero aquí no lo conocen bien. Aquí juegan al fútbol pero se juega al fútbol con los pies, lo que se llama soccer en Norteamérica. El fútbol de aquí es el deporte más popular del mundo. Realmente el fútbol que se juega con los pies también es el deporte más popular de Europa. También es el deporte favorito de los españoles.

La señora de Marco rió y dijo:

—No, no es un estadio de fútbol.

—¿Qué es? —le preguntó Cristina.

—Es la plaza de toros de la Maestranza.

"¿Plaza de toros?" pensó Cristina. Cristina pensaba que era un lugar donde vivían los toros y las vacas.

—Es donde hay corridas de toros. España es muy famosa por las corridas. La plaza de toros de la Maestranza es muy famosa también. A nosotros nos encantan las corridas de toros.

Cristina se sintió un poco enferma. A ella le pareció terrible pelear contra un toro. No le gustaba la idea de matar un toro como deporte. Le gustaban los animales. No comía carne. Cristina tenía un perro y dos gatos en casa. A veces quería más a sus mascotas que a sus hermanos.

—La plaza de toros de la Maestranza es un edificio muy antiguo. Fue construida en el siglo 18 —siguió la señora.

—Es muy vieja —dijo Cristina sin emoción.

La idea de matar toros le daba tristeza. A Cristina no le gustaba el fútbol americano pero era mejor que matar un animal por diversión.

—¿Has visto una corrida de toros? —le preguntó Carmen.

—No —dijo Cristina—, no tenemos corridas en los Estados Unidos.

Cristina quería decirles que nunca quería ver una corrida pero no dijo nada porque no quería ofender a nadie.

—Las corridas son muy emocionantes —le dijo Carmen—. Los matadores son buenísimos.

—Son fenomenales —les dijo Pedro—. Quiero ser matador en el futuro.

La Sra. de Marco rió y les dijo:

—La semana pasada Pedro quería ser actor de cine. Ahora quiere ser matador. Así son los niños.

—Me encantan los matadores —les dijo Carmen—. Son más guapos que Enrique Iglesias.

—Carmen quiere besar a Enrique Iglesias —dijo Pedro.

—Los hermanitos son tontos —dijo Carmen.

Después de un rato llegaron a la casa.

—¡Estamos aquí! —gritó Laurita.

Cristina miró la casa de su familia nueva. Era una casa blanca con un poco de amarillo y rojo. No era grande ni pequeña. Había flores moradas afuera. También había muchos árboles grandes. Cristina y su familia entraron en la casa. El Sr. de Marco entró en la casa con las maletas de Cristina.

—Estas maletas son muy grandes y pesadas para una chica, ¿verdad? —le preguntó el Sr. de Marco.

Cristina rió porque ella llevó las maletas desde California hasta España.

El Sr. de Marco llevó las maletas de Cristina al cuarto destinado para ella. Era un dormitorio pequeño con paredes azules y una cama con una cobija azul. Había una cruz arriba de la cama en la pared. En la otra pared había un dibujo de Jesucristo y una foto de un barco.

—Mi casa es tu casa —le dijo la Sra. de Marco.

—Tú tienes tu propio dormitorio y yo tengo mi propio dormitorio también. Ven a verlo —le dijo Pedro.

—Ven a ver la casa —le dijo la Sra. de Marco.

Cristina fue con ellos para ver la casa. Era una casa bonita con colores brillantes: azul, rojo, amarillo y rosa. Había dibujos de santos y la virgen por todas partes. Cristina vio que había unas cruces también. Era obvio que la familia de Marco era católica como la mayoría de las familias de España. La iglesia era muy importante para ellos.

En medio de la casa había un patio grande. El patio era hermoso. En el patio había muchas flores de colores diferentes.

—Es muy bonito aquí —les dijo Cristina—. En mi país los patios siempre están detrás de las casas, no en medio como los de aquí.

—En España construimos las casas alrededor del patio —le dijo la Sra. de Marco—. Nos encantan los patios. Siempre queremos ver quién tiene el patio más bonito.

—Siempre hace sol aquí en España —le dijo la señora—. Por eso nos gusta pasar mucho tiempo afuera. Nos gusta cultivar diferentes árboles también.

La señora señaló unos árboles pequeños:

—Estos árboles son naranjos. Nos gustan las naranjas. También tenemos limones.

—Me imagino que son buenos aquí. Parece que son mejores que los que compran en las tiendas —le dijo Cristina.

—Sí, es cierto —le dijo la señora—. Nunca compro fruta en las tiendas.

Cristina rió. Le gustaba la Sra. de Marco. Era muy simpática. Era como su mamá en casa. Era gordita con el pelo castaño y corto. Tenía ojos castaños. En la mano tenía un anillo grande de oro.

—Cristina, descansa antes de cenar. Vamos a comer gazpacho y rabo de toro.

—De acuerdo pero ¿qué es rabo de toro? —le preguntó Cristina.

—Es la cola de un toro —le dijo la señora.

A Cristina le parecía un poco extraño comer la cola de un toro. ¡Qué terrible!

Cristina fue a su dormitorio para descansar porque estaba cansada. Se acostó. Era de noche pero todavía hacía calor. Hace mucho calor en esta parte de España. Todos los españoles saben que no hace calor en el norte. Hace fresco todo el año. El clima del norte es muy similar al clima de unas ciudades en la costa de California. Debido al calor Cristina no necesitaba su cobija. Todo en España era nuevo, diferente y emocionante: la casa, su familia, la ciudad.

Cristina pensaba en la cena. Pensaba en la cola del toro. Tenía miedo de comer. No quería comer la cola de un toro. Le parecía bien la sopa fría, gazpacho, pero ¿rabo de toro? ¡Qué asco! Cristina nunca supo si el rabo de toro estaba bueno o no, porque se durmió y no se despertó ni siquiera para cenar. No se despertó por mucho tiempo. Durmió por doce horas.

CAPÍTULO 2
Una escuela nueva

Dos días más tarde Cristina comenzó sus estudios en la escuela. Fue a la escuela con Carmen. La escuela estaba cerca de su casa. Fueron a pie. Carmen estaba en su último año de la escuela. Su escuela preparaba a los estudiantes para la universidad. Para entrar en la universidad en España todos tienen que tomar un examen. El examen es muy duro. Tienen que saber mucho para salir bien en el examen. Si sales muy bien en el examen, puedes asistir a una universidad buena.

Laurita y Pedro fueron a una escuela diferente. Cristina sabía que muchos alumnos en España asistían a escuelas particulares.

En la escuela los estudiantes aprendían religión. Leían la Biblia. Había una capilla en la escuela y los alumnos iban a la capilla cada día. Las monjas y los sacerdotes enseñaban la mayoría de las clases. Cuando los estudiantes contestaban o hacían preguntas, las contestaban o las hacían de pie. Cristina fue a clases de español, historia, matemáticas y ciencias. Las clases de ciencias y matemáticas no eran muy difíciles. La clase de español sí era muy difícil. Los estudiantes estaban leyendo **Don Quijote de la Mancha** por el famoso autor español Miguel de Cervantes Saavedra. Era superdifícil estudiar la Guerra Civil de España porque Cristina no sabía nada de eso. Ella aprendió mucho sobre Francisco Franco. Franco fue dictador de España por muchos años.

Durante el almuerzo los alumnos comieron en la cafetería. Cristina estuvo sorprendida de que tenían una hora y media para comer. En su escuela en California sólo había 30 minutos para comer. A Cristina le gustaba la idea de tener una hora y media para comer hasta que supo que la escuela terminaba a las cinco y media de la tarde. ¡Qué día tan largo! Era mucho más largo que su día escolar en Torrance.

Carmen y Cristina comieron bocadillos y ensaladas en el almuerzo. Y de postre comieron pan y churros. A Cristina le gustaban los churros. Los había comido en los Estados Unidos antes de venir. La cafetería de esta escuela era similar a la de Cristina en California. Había muchos estudiantes. Tenía el olor de carne. Cristina y Carmen llevaron sus almuerzos a una mesa y se sentaron. Comenzaron a hablar.

—¿Cómo te va? —le preguntó Carmen a Cristina—. ¿Te gusta esta escuela española?

—Es muy diferente a mi escuela en California.

15

Un muchacho alto se sentó a la mesa con ellas. Era muy guapo. Tenía el pelo castaño con ojos bonitos. Tenía una sonrisa grande con dientes muy blancos.

—¿Tú eres la chica americana? —le preguntó el chico a Cristina.

—Sí —le contestó Cristina—. ¿Cómo sabías que soy americana?

—Todos en la escuela sabemos que hay una chica nueva —le dijo el chico, sonriendo.

Cristina pensaba que el chico era guapísimo.

—Soy Cristina Silva —le dijo Cristina mientras le sonreía—. ¿Cómo te llamas tú?

—Soy Julio —le dijo—, Julio Barquero.

—Es un placer conocerte, Julio —le respondió Cristina.

—Igualmente —le respondió Julio.

Julio, Cristina y Carmen charlaron. Hablaron de los profesores buenos y malos en la escuela. Hablaron del equipo de fútbol de Julio. El fútbol era muy popular en España. Hablaron de la clase de historia y lo difícil que era la tarea. Julio comió dos bocadillos, dos naranjas y dos churros. Cuando Julio acabó con sus churros, le sonrió a Cristina y le dijo:

—Cristina, espero verte pronto porque me gustaría comer tapas contigo algún día.

—Sería un placer para mí —le contestó Cristina.

Cristina no sabía nada de tapas pero le gustaba la idea de hacer algo con Julio. Julio agarró sus libros de la mesa y se fue.

—¿Qué son tapas? —le preguntó Cristina a Carmen.

—Las tapas son pedazos pequeños de pescado, carne, aceitunas, vegetales, quesos o mariscos. Las comemos antes de cenar. Muchas veces vamos a bares de tapas. Es muy divertido ir de bar en bar comiendo tapas.

—Me gusta. Parece que las tapas son muy buenas —le dijo Cristina.

—Parece que Julio es muy bueno también, ¿no? —le respondió Carmen con una sonrisa grande.

—Sí, muy mono.

—A todas las chicas en la escuela les gusta él.

—¿A todas las chicas? —le preguntó Cristina.

Carmen dijo sí con la cabeza:

—Él es muy popular.

Cristina estaba feliz pensando en Julio. En California ella no estaba en el grupo más popular de la escuela. Pero en España ya habló con uno de los chicos más populares.

Pensó:

"Creo que me va a gustar este país. Creo que me va a gustar esta escuela. Creo que me va a gustar la idea de estar en el grupo más popular de la escuela".

CAPÍTULO 3
La invitación

A Cristina le gustaba su escuela en España. Le iba muy bien. Tenía muchos amigos. Estaba divirtiéndose y estudiando mucho. Iba a ver las películas españolas y miraba la televisión española. Estaba feliz de estar en España hasta cierto día. Ese día ocurrió tres semanas después de su llegada a España.

Cristina volvió de la escuela ese día como siempre. Se sentó a la mesa con Carmen. Comieron tarta y bebieron chocolate. Los de Marco siempre bebían chocolate caliente. Carmen dijo que lo bebían porque los españoles encontraron el chocolate cuando fueron a América. Cristina no sabía que los españoles lo habían encontrado en sus viajes a América. Le encantaba el chocolate como la mayoría de los americanos que conocía.

Pedro entró en la casa corriendo. Estaba muy emocionado.

—¡Adivina qué! —le gritó Pedro a Carmen—. Este domingo vamos a hacer algo emocionante.

—¿Qué? —le preguntó—. ¿Un partido de fútbol?

—No —le dijo Pedro.

—¿Un concierto?

—No.

—¿Una fiesta en la iglesia?

—No —le repitió Pedro.

Cristina observaba que a Pedro le gustaba molestar a su hermana.

—Te dije que era algo interesante.

—Pues, cuéntame ahora. ¿Qué es? Dímelo ahora, tonto —le dijo Carmen.

Cristina rió y pensó que los hermanitos molestan a veces.

Por fin, Pedro le dijo:

—Vamos a una corrida de toros. Papá compró entradas para la corrida.

—¡Qué bueno! —le dijo Carmen.

—Nos compró boletos de sombra —le dijo Pedro.

—Eso es maravilloso porque los boletos de la sombra son más caros —le explicó Carmen a Cristina—. ¿Quién es el matador?

—¡El matador es Juan Cortez! —les dijo Pedro.

—Por eso papá nos compró boletos de sombra —le dijo Carmen—. Juan Cortez es el mejor matador en España. Probablemente es el mejor matador del mundo.

—Hay personas que dicen que él es el próximo Joselito —les dijo Pedro—. ¿Pueden creer que vamos a ver al próximo Joselito?

Carmen y Pedro estaban muy emocionados. Cristina no estaba nada emocionada. De ninguna manera. No entendía por qué estaban emocionados los otros. Ella no comprendía lo que estaban diciendo.

Comprendía que un matador luchaba contra el toro pero no sabía quién era Joselito. No sabía nada de las corridas. No quería saber nada de los toros. A ella le parecía horrible la idea de matar un toro. ¿Por qué querían matar a los toros?

—¿Estás emocionada? —le preguntó Carmen—. ¿Es tu primera corrida de toros?

—Sí —le dijo Cristina.

—¿Nunca has ido a una corrida de toros? —le preguntó Pedro.

Pedro estaba sorprendido. Le dijo:

—No lo puedo creer. ¿Por qué no has visto una corrida de toros?

—No hay corridas de toros en los Estados Unidos —le dijo Cristina.

Cristina quería decir también que no tenemos corridas de toros porque vivimos en una nación civilizada pero no lo dijo porque no quería enojarles a Carmen y a Pedro.

—No lo entiendo. ¿Por qué no hay corridas de toros en los Estados Unidos? Me encanta ver los toros. Yo quiero ser torero. Quiero ser el próximo Joselito.

—¿Quién es Joselito? —le preguntó Cristina.

—¿Quién es Joselito? ¡¿No sabes?! Joselito es el mejor matador en la historia del mundo —le contestó Pedro.

Pedro comenzó a bailar por la cocina. Agarró una toalla y empezó a luchar contra un toro imaginario.

—Soy valiente como Joselito. Soy fuerte como Joselito. Soy un matador famoso. Siempre mato al toro.

Carmen rió y miró a Cristina. Le dijo:

—Cristina, ¿qué te pasa? ¿Estás enferma? Tu cara está muy pálida.

—No —le dijo Cristina—, no estoy enferma.

—Entonces ¿qué te pasa? —le volvió a preguntar Carmen.

Pedro siguió peleando contra el toro. No les hacía caso ni a Carmen ni a Cristina.

—No me gusta la idea de luchar contra un toro —le dijo Cristina—. Es muy cruel matar un toro sólo para divertirse.

—¡Oh no! Tú eres una de las personas de ¡Violencia, no! ¡Vida, sí!

—¿Cómo? No sé de qué hablas —le dijo Cristina.

—Hay personas que no quieren ver los toros. "¡Violencia, no! ¡Vida, sí! ¡Violencia, no! ¡Vida, sí!" gritan.

—Sí, creo que soy una de ellas —le explicó Cristina.

—Cristina, no entiendes las corridas de toros. Nunca has visto una. Es fenomenal. Debes ir con nosotros. Vas a pensar de una manera diferente después de verla. Papá compró boletos caros, boletos de sombra. Va a sentirse mal si no vas.

—¿Boletos de sombra? No entiendo —preguntó Cristina.

—Los boletos de sombra cuestan más porque hace mucho calor en el sol. La gente no quiere sentarse en el sol donde hace mucho calor. Por eso todos quieren sentarse en la sombra donde hace menos calor.

Cristina no quería sentarse en la sombra. No quería ver los toros. No quería ver la muerte de un toro aún en la sombra.

—Cristina, tienes que ir a verla —le dijo Carmen—. Papá va a sentirse muy mal si no vas.

—Vale —le dijo Cristina.

No pensaba que cambiaría su opinión acerca de los toros pero no lo dijo. Ya había dicho demasiado. Posiblemente tenga razón Carmen. Era verdad que Cristina no sabía nada de los toros. Decidió ir a ver la corrida y decidir después si le gustaba el espectáculo o no.

Laurita entró en la cocina.

—Hola —les dijo—. ¿Qué pasa?

—Buenas noticias —le dijo Pedro—. Vamos a ver los toros el domingo que viene. Juan Cortez es el matador.

— ¿Juan Cortez? —les preguntó Laurita.

—¿A ti te gusta Juan Cortez? —le preguntó Cristina.

Laurita miró a Cristina con cara de sorpresa y le dijo:

—Por supuesto, Cristina, a todo el mundo le gusta Juan Cortez. Es el matador más guapo de España.

—¿Así que tú tienes muchas ganas de ver los toros también? —le preguntó Cristina.

—¡Claro! —le contestó Laurita—. A todos les gusta ver una corrida de toros.

A casi todos. A todos menos a Cristina. Cristina miró a las personas en la cocina. Miró las expresiones en sus caras. Boletos caros. Un matador famoso. Cristina sabía una cosa. No comprendía a los españoles.

CAPÍTULO 4
Un evento grave

Era el día de la corrida y la familia de Marco estaba en la plaza de toros de la Maestranza. Era elegante, redonda y muy grande con muchos asientos. Se consideraba la plaza de toros más bella del mundo. No había césped como en un campo de fútbol. La familia de Marco estaba emocionada. Todos estaban contentos. Encontraron sus asientos y se sentaron en la sombra. Cristina se sentía muy extraña. Le dolía el estómago un poquito como cuando va a ver al dentista. No le gustan las visitas al dentista.

—¡Quiero sentarme con Cristina! —gritó Pedro.

Pedro se sentó al lado de Cristina.

—¡Estoy feliz porque vamos a ver a Juan Cortez! —gritó Pedro.

—¿Cuándo entra el matador? —le preguntó Cristina.

—Dentro de poco —le dijo Pedro.

Cristina oyó el sonido de una trompeta. Pedro se levantó de un salto y gritó:

—¡Está empezando ya! Aquí vienen los toreros.

—¿Qué es un torero? —le preguntó Cristina.

—Todos los hombres de la corrida son toreros. Hay matadores, picadores y banderilleros.

—¿Quiénes son ellos? —les preguntó Cristina—. No entiendo nada de esto.

—Los picadores andan a caballo. Los banderilleros ayudan al matador —le dijo Carmen.

—¡Allí está Juan Cortez! —les gritó Pedro.

Un hombre muy guapo entró en la arena. Pedro se levantó y saltó porque estaba tan emocionado. Todos gritaban de emoción. Era como cuando el mejor jugador de básquetbol entra en el estadio y todos gritan.

Cristina miró hacia la arena. Muchos hombres entraron. Primero entró Juan Cortez, el matador. Era guapo, como había dicho Laurita. Los siguientes también parecían ser toreros. Todos llevaban ropa hermosa y elegante.

—Su ropa es muy atractiva —le dijo Cristina a Carmen.

—A su ropa le dicen trajes de luces —le dijo Carmen.

—Puedo ver por qué —le dijo Cristina—. Sus trajes realmente brillan.

El traje del matador era rojo y dorado. También llevaba un sombrero negro. Sus zapatos parecían zapatos de bailarín de ballet.

El matador y sus ayudantes hicieron un pequeño desfile. Después otras personas especiales, como el

alcalde de Sevilla, fueron presentadas.

Después Cristina oyó el sonido de otra trompeta. Luego un toro grande y negro entró. Uno de los banderilleros tenía una capa de colores amarillo y morado. Él la movía y el toro la veía. Muy rápido el animal corrió hacia la capa. El hombre se hizo a un lado y el toro pasó cerca del hombre. Había seis banderilleros. Todos jugaban con el toro o por lo menos así parecía. Corrían en frente del toro y el toro los perseguía. Pero cuando el toro corría hacia ellos, escapaban y el toro no les hacía daño.

Después se oyó otro trompetazo. Entraron los picadores.

—Ellos van a preparar al toro para el matador —dijo Carmen—. Son los picadores.

Cristina observaba todo. El toro jugaba. Corría hacia los caballos y los picadores. Cristina pensó que no era tan malo. Todo el público estaba gritando. Todos estaban emocionados por el espectáculo.

Cristina estaba a gusto con todo hasta que el toro corrió hacia uno de los picadores que estaba a caballo. Con sus cuernos el toro pegó al caballo. En seguida el picador picó al toro con su lanza. El público gritó con emoción pero Cristina se sintió enferma, muy enferma. No quería ver más.

Sonó la trompeta de nuevo.

—Aquí vienen los banderilleros —le dijo Pedro—. Ellos me gustan.

Cristina volvió a mirar el espectáculo.

—Son como los matadores. Son buenos y valientes —le comentó Pedro.

Tres hombres vestidos como el matador entraron. Llevaban vestidos de azul y plata en vez del color dorado del matador. Los banderilleros llevaban palos largos de muchos colores. Estaban jugando con el toro. Corrían hacia el toro y luego se apartaban.

—Es peligroso luchar contra el toro, ¿no? —le preguntó Cristina a Carmen.

—Los toreros son valientes —le dijo Carmen— y son guapos.

—Especialmente Juan Cortez— le dijo Laurita.

Cristina rió porque Laurita estaba enamorada.

—Los matadores son tan valientes —les dijo Pedro—. Mira como luchan contra el toro.

Pedro saltaba de emoción. Cuando Pedro se emocionaba mucho, le pegaba a Cristina sin querer. A Cristina no le gustaba. Cristina decidió que no le gustaba estar sentada con un niño de ocho años en una corrida de toros.

Cristina volvió a mirar el espectáculo. Se sentía muy triste por el toro. De repente uno de los banderilleros corrió cerca del toro, saltó y puso dos banderillas en el cuello del toro. Las banderillas se quedaron allí.

Era muy feo. La sangre salía del toro. Cristina tenía ganas de vomitar. No miró más. No podía creer lo que estaba pasando. Todo le parecía tan horrible. Estaba sorprendida de que esto pasara en tiempos modernos.

—Ese toro es muy valiente —le dijo Carmen.

—Sí —le dijo Cristina. Carmen no sabía cómo Cristina detestaba todo esto.

Luego sonó otra trompeta. Entró Juan Cortez. Cristina se dio vuelta para mirar al famoso matador. ¿Era un gran atleta o sólo un matador de animales? Todos gritaban y gritaban. Estaban locos. Juan Cortez era un héroe para el público de la plaza. Le adoraban como a un actor de cine.

Con su capa roja Juan jugaba con el toro. Le daba miedo a Cristina pero ella lo observaba muy poco. La mayoría del tiempo no miraba. No podía mirar. Sólo miraba a la gente en el estadio. Familias enteras estaban allí. Había abuelos y abuelas, madres y padres, jóvenes y niños. Aún bebés. Cristina no entendía por qué vino ella a la corrida. De repente salió un grito de todos. Cristina no sabía qué estaba pasando. Volvió a mirar. Juan Cortez se quitó el sombrero. Le preguntó algo a un oficial. Cristina no oyó nada porque había demasiado ruido.

—¿Qué está pasando ahora? —le preguntó Cristina a Carmen.

—Es la hora de demostrar su coraje —le dijo Carmen.

Pedro saltaba más. Saltaba mucho. Cristina quería tirárselo al toro. Cristina miró de nuevo a Juan Cortez. Jugaba con el toro. Ponía la capa muy baja y el toro corría hacia ella. El toro bajaba su cabeza cuando corría hacia la capa del torero. El toro pasaba al torero varias veces. El matador demostraba su valor acercándose al toro lo más que podía sin hacerse daño. El toro se cansaba cada vez más y por fin Juan Cortez sacó su espada y lo mató. El público gritó más fuerte que nunca. Pedro ahora saltaba con más emoción. Carmen y Laurita también gritaban.

Todos movían pañuelos en el aire. Todos estaban emocionados. "¿Cómo pueden estar tan emocionados?", pensó Cristina. "¿Qué pasa con esta gente? Acaba de mirar la matanza de un toro. El toro no había hecho nada malo".

Cristina no soportaba más.

—Nos vemos en el carro —le dijo Cristina a Carmen.

Se levantó y salió. Se sentía enferma. Lloró y lloró. Mientras estaba en el carro, oía los gritos del público. Mientras los escuchaba, lloraba. Sabía una cosa: nunca iría a otra corrida de toros.

CAPÍTULO 5
El mejor matador del mundo

Cristina esperó mucho tiempo en el carro. Seguía llorando pero le parecía extraño llorar cuando todos estaban gritando de felicidad. Oía los gritos de la plaza de toros y sabía lo contentos que estaban todos. Oía música y gritos. Cristina pensaba que era la única persona en toda España que no estaba feliz. Extrañaba mucho a sus amigos en California. Extrañaba California. Extrañaba el tiempo de California, donde no hacía tanto calor.

Cristina vio a los de Marco caminando hacia el carro. Se limpió la cara. Tenía vergüenza porque estaba llorando. Dejó de llorar. Los de Marco llegaron. Estaban muy contentos. Estaban tan contentos que no le dijeron nada a Cristina al principio.

—No lo puedo creer. Le dieron una oreja, la cola y una pata —les dijo el Sr. de Marco.

Estaba sonriendo y tenía sus brazos en los hombros de su esposa y de Laurita.

—Hace mucho tiempo que no veo eso —les dijo la Sra. de Marco—. La corrida fue fenomenal.

—Juan Cortez estuvo maravilloso. ¡Es el mejor matador del mundo! —les gritó Pedro—. No hay mejor matador en ninguna parte.

—Nunca vi a un matador recibir una oreja, la cola y una pata. Es increíble —les dijo Carmen.

Cristina no comprendía qué estaban diciendo. Para ella nada de esto le parecía normal. Cristina nunca comprendía lo que estaban diciendo y sintiendo, especialmente cuando hablaban de los toros.

—¿Qué significa "una oreja, la cola y una pata"? —les preguntó Cristina.

—Hola, Cristina. Estás aquí. ¡Qué bueno! —le dijo la Sra. de Marco.

Miró a Cristina por primera vez después de la corrida.

—¿Estás bien? ¿Por qué no te quedaste en la corrida? Te perdiste la parte más emocionante —le dijo la Sra. de Marco.

Cristina no sabía qué decirles. ¿Debía ser honesta con ellos? ¿Debía tratar de explicarles sus emociones verdaderas? Si les decía la verdad, estarían incómodos con ella. ¡Qué problema tan grande! Lo único que sabía Cristina era que no quería volver a ver una corrida de toros.

El Sr. de Marco le dijo:

—Es verdad Cristina. Rosa tiene toda la razón. Te perdiste la parte más emocionante de la corrida de toros.

—¿Y cuál era esa? —les preguntó.

—Le dieron una oreja, la cola y una pata a Juan Cortez —le dijo el Sr. de Marco—. Generalmente sólo les dan una oreja o dos a los matadores.

Cristina todavía no comprendía.

—¿Qué quieren decir con eso de una oreja, cola y pata? —les preguntó Cristina.

—Después de la corrida le dan parte del toro al matador como premio. Si es una corrida buena, le dan una oreja. Si es mejor, le dan las dos orejas. Pocas veces, si es una corrida fenomenal, le dan al matador una oreja y la cola. Hoy Juan Cortez recibió una oreja, la cola y una pata. ¡Fantástico! Cristina, esto no pasa mucho. Tuviste mucha suerte porque viste una corrida buenísima en tu primera corrida de toros.

—¡Qué bueno! ¿No? —le dijo Pedro.

—Mi primera corrida de toros y mi última —les dijo Cristina—. Nunca quiero ver otra corrida.

Las palabras le salían como agua de una cascada que baja rápidamente y sin dirección. No pudo evitarlo. No quería decir esas palabras pero no pudo detenerlas. Miró al papá. Estaba triste debido a lo que había dicho Cristina.

—¿No te gustó?, Cristina —le preguntó el papá—. Lo siento mucho. Nosotros lo pasamos muy bien en la corrida.

—Y nos costó mucho dinero —le dijo el señor a su esposa.

—Lo siento pero es horrible matar un toro —les dijo Cristina.

Carmen tenía una expresión de enojo en la cara y le dijo:

—¿Qué pasa con los americanos? Vienen a España y creen que son mejores que nosotros. No entienden qué es una corrida.

—No pienso que yo sea mejor que Uds. —le dijo Cristina—. Es que no me gustan los toros.

—Tú te crees mejor. Es obvio. Crees que somos extraños. Crees que no somos civilizados porque nos gusta matar los animales.

—Pero es cierto. Les gusta ver la matanza de los animales. ¡Todos están contentos porque vieron todo esto! —le gritó Cristina—. A ti te gustó. Gritaste con emoción. Tus matadores son héroes. Pero para mí todos son matadores de animales.

Los ojos de Carmen estaban fríos y enojados. Ahora Cristina estaba enojada también.

—Por lo menos piensas que Juan Cortez es guapo, ¿no? —le preguntó Laurita a Cristina.

Cristina rió aunque estaba enojada. Laurita era un poco tonta. Sólo pensaba en los chicos. Laurita era como la hermanita de Cristina.

—Sí, es cierto. Juan Cortez es muy guapo —le dijo Cristina a Laurita.

Nadie dijo nada. Era un coche pequeño y no cabían bien todos. Ahora el coche le parecía aún más pequeño a Cristina. ¿Todos en su nueva familia la odiaban? ¿Cristina se odiaba a sí misma? Cristina pensaba que sí. Nadie dijo nada cuando iban a la casa. ¿Por qué mencionó ella la corrida de toros? Por eso todos se sentían mal. Aún Carmen estaba enojada con Cristina. Y Carmen era la mejor amiga de Cristina en España. Probablemente Carmen no iba a hablar más con ella. La única persona en el coche que no estaba enojada con ella era Pedro. Él estaba sentado al lado de Cristina y tomó su mano.

—Me siento muy mal porque no te gustó la corrida de toros —le dijo Pedro con mucha compasión—. La próxima corrida de toros va a estar mucho mejor.

Cristina no dijo nada porque no quería ofenderles.

—Cristina, me caes muy bien —le dijo Pedro—. Me gusta tu pelo largo y eres muy bonita.

Cristina sonrió y le dijo:

—Tú me caes muy bien a mí también, Pedro.

Cristina se alegraba de que Pedro era su amigo, su único amigo en España ahora.

CAPÍTULO 6
Las distracciones de Sevilla

Cristina trató de olvidarse de los toros. Nunca quería ver otra corrida de toros. No quería hablar nada de los toros. No quería ver fotos de toros. Y, más que nada, no quería pelear con su familia española por los toros.

En dos o tres días la familia de Marco ya no hablaba más de los toros ni de Juan Cortez. Seguían con sus vidas. El Sr. de Marco iba al correo cada día porque trabajaba allí. La Sra. de Marco se quedaba en casa y ayudaba a los niños y limpiaba la casa. Laurita reía mucho, hacía su tarea y le ayudaba a su mamá a limpiar la casa. Pedro le decía a Cristina cada día que era muy bonita. Carmen hablaba con Cristina de nuevo aunque no era tan amistosa como antes.

Cristina estaba contenta porque la familia de Marco no la odiaba. Por eso era más fácil estar en España. Cristina todavía extrañaba a su familia en California pero no tanto como el día de la corrida de toros.

Cristina pensaba que no tendría nostalgia por la casa si hacía cosas divertidas. Cristina quería divertirse

41

durante su tiempo en España. Quería ver España. Quería ver las iglesias antiguas de Sevilla. Quería ir a la Plaza del Cabildo y comprarles dulces a las monjas que los vendían en la plaza. Quería comer tapas en un restaurante. Quería probar las aceitunas verdes de España y las dulces natillas que la gente comía como postre. Quería pasear en lancha en el Río Guadalquivir y ver el arte en el famoso Museo de Bellas Artes y ver películas españolas. Cristina quería hacer todas estas cosas con sus amigas nuevas. También quería estudiar mucho y sacar buenas notas en la escuela. La escuela en España no era tan fácil para ella y los días eran largos. Pero estaba acostumbrada a todo esto ahora.

Una cosa que Cristina quería hacer era conocer mejor a Julio Barquero, el chico guapo que conoció su primer día en España. No veía a Julio mucho en la escuela. A veces lo veía sólo durante un rato en un salón de clase. Él sonreía y le decía:

—Hola, Cristina de América.

Cristina quería ver a Julio más pero no tenía la oportunidad. ¿Quería salir Julio con ella? Tal vez era demasiado popular o tenía novia. Cristina esperaba que no porque quería salir con él.

Un día, unas semanas después de la corrida de toros, vio a Julio de nuevo en la escuela. Cristina, Carmen y otros amigos estaban afuera comiendo su almuerzo.

Mientras comían, estudiaban para un examen de historia que iban a tener esa tarde.

—Cristina, una vez más, ¿cuándo fue la Guerra Civil de España? —le preguntó Carmen.

—De 1936 a 1939 —le respondió Cristina.

—¡Qué bueno! —le dijo Carmen—. ¿Sabes mucho sobre la guerra para nuestro examen hoy?

—Sí —le dijo Cristina—. Estudié mucho anoche. Estudié por dos horas.

Cristina oyó la voz de alguien. Se acercó a Cristina y le dijo:

—¿Cómo es que una gringa tan bonita como tú pasa tanto tiempo estudiando?

Cristina se dio vuelta y vio a Julio Barquero. Él sonrió. Su sonrisa era muy grande. Sus dientes parecían muy grandes y bonitos. Sus ojos azules eran hermosos. Eran tan diferentes a los ojos de los otros compañeros de la escuela.

—Hola, Julio —le dijo Cristina—. Estoy estudiando para un examen de historia.

—¿Historia? ¡Qué clase tan fácil! —le dijo Julio.

—Puede ser fácil para ti —le dijo Cristina— pero no es fácil para mí. Yo nací en los Estados Unidos. No soy de aquí. ¿Te gustaría tomar un examen sobre la historia de los Estados Unidos? —le dijo en una voz de bromeo.

Julio rió.

—Conozco a unos presidentes tuyos: Washington, Lincoln, Clinton.

—Ellos son muy famosos —le dijo Cristina.

Me gustan los Estados Unidos —le dijo Julio—. ¿Es verdad que todos en los Estados Unidos tienen un coche grande y mucho dinero?

—No, no todos —le dijo Cristina.

—Quiero conocer América algún día —le dijo Julio— porque hay muchas mujeres bonitas allí.

La cara de Cristina se puso roja.

—Cristina, ¿quieres salir conmigo? —le dijo Julio—. ¿Quieres ir a un partido de fútbol?

—Sí —le dijo Cristina—. Quiero ver un partido de fútbol.

Cristina nunca había visto un partido de fútbol con la excepción de los de su hermanito y esos no contaban.

—FC Sevilla va a jugar este domingo que viene —le dijo Julio—. ¿Quieres ir?

—Sí —le contestó Cristina.

Cristina estaba muy emocionada pero no quería demostrarle su emoción a Julio.

—Hasta el domingo, ¿vale? —le preguntó Julio.

—Vale —le respondió Cristina.

Julio se alejó y Carmen le dijo:

—¡Qué bueno, Cristina! Julio es tan guapo y muy popular.

—Yo lo sé —le respondió Cristina.

—Tienes mucha suerte —le dijo Carmen—. Tenemos que estudiar más historia.

—Vale —le dijo Cristina.

Cristina trató de pensar en Franco y la Guerra Civil de España pero era muy difícil. Sólo podía pensar en Julio Barquero.

CAPÍTULO 7
Una situación complicada

Era un domingo en la tarde. Julio y Cristina iban en moto al Estadio Ramón Sánchez Pizjuán, donde el equipo de fútbol FC Sevilla iba a jugar en la tarde. Para Cristina era muy extraño salir en moto en una cita pero en Sevilla casi todos los jóvenes tenían moto pequeña, o "vespino", como se llamaba en España. No podían hablar en el viaje porque la moto hacía mucho ruido, pero cuando llegaron, empezaron a hablar. Cristina le contó a Julio mucho de California y su familia. Julio le dijo mucho acerca de su familia y de España. Hablaron de la escuela y de fútbol. Julio sabía mucho de fútbol porque jugaba en el equipo de la escuela. Cristina sabía que era un jugador muy bueno de fútbol.

Fueron a la taquilla donde se vendían las entradas para el partido.

—Compré los boletos por teléfono, así que ya deben estar aquí para mí —le dijo Julio—. No es necesario hacer cola para las entradas.

Hacía mucho calor en Sevilla. Cristina tenía mucho

calor. Tenía más calor mientras esperaba a Julio. Después de un rato Julio volvió. Estaba muy enojado.

—Perdieron mis boletos. No los tengo. ¡Esos idiotas perdieron mis boletos! —gritó Julio, muy enfadado.

—No importa —le dijo Cristina—. Podemos ir otro día.

Julio le compró dos colas a un hombre que vendía refrescos cerca del estadio. Cristina y Julio las bebieron rápidamente porque hacía tanto calor. La cola estuvo muy buena ese día. Cristina estaba feliz de que había colas en España.

—Bueno, ¿qué vamos a hacer? —le preguntó Cristina a Julio.

—Yo sé qué podemos hacer —le dijo Julio—. Ven conmigo. Vamos en mi moto.

—¿Adónde vamos?, Julio —le preguntó Cristina.

—Vamos a un lugar muy divertido —le explicó—. Es un lugar que les gusta mucho a los americanos. Es algo que tienes que hacer mientras estás en España.

—Vale —le dijo Cristina.

Los dos se subieron a la moto. Cristina estaba muy impresionada por Julio. Julio era muy simpático y guapo. Le gustaba hablar con él acerca de España. Después de ir en moto por un rato, llegaron.

Cristina no lo podía creer. Estaban frente de la plaza de toros de la Maestranza. Cristina pensó:

"Oh no. Otra corrida de toros."

Aquí estamos —le dijo Julio—. ¿Qué te parece si vamos a una corrida de toros? Vamos, pues.

Cristina no quería decirle cómo se sentía. Si le decía a Julio realmente como se sentía, Julio pensaría que los americanos se creían mejores que los españoles. Iba a pensar que los americanos tenían miedo de las corridas de toros. Iba a enojarse. Cristina no sabía qué hacer.

—Julio, hay un problema. No tenemos boletos —le dijo.

—Podemos entrar —le explicó Julio—. Siempre puedo entrar en las corridas de toros. Mi padre es matador.

—¿Tu padre es matador? —le preguntó Cristina, sorprendida—. ¿Cómo es tener un padre matador?

—Mi papá no es muy famoso —le dijo Julio—, no como Juan Cortez, pero es bueno. Él no está trabajando hoy pero todos en la plaza me conocen. Me dejan entrar sin pagar. Mi tío es banderillero y mi abuelo era picador. Vengo de una familia que vive para los toros.

—¡Qué interesante! —le dijo Cristina—. Tu familia es una familia de toreros.

—Sí —le dijo Julio—. Mi padre quiere que yo sea matador también pero yo prefiero el fútbol.

Cristina no sabía qué hacer. No quería ver otra corrida de toros pero no quería ofender a Julio. ¡Qué problema!

—Cristina, ¿vamos a la corrida? —le preguntó Julio

y extendió la mano hacia ella.

Cristina pensó en todo lo que pasó entre ella y Carmen. Pensó en lo que le dijo Carmen: que los americanos se creen mejores que los españoles. Cristina no quería ofender a su nuevo amigo español, así que le dijo:

—Sí, vamos.

Cristina se sentía un poco enferma. Tenía calor. ¿Por qué era tan tonta que asistía de nuevo a una corrida de toros? Pero ya era tarde.

Julio fue a buscar los boletos e inmediatamente volvió con ellos. Todos les saludaron a Julio y a Cristina. Todos reconocieron a Julio y le hablaron. Todos conocían a Julio y Julio conocía a todos.

Por fin entraron en la plaza.

—¡Está empezando ahora! —le gritó Julio.

—Vale —dijo Cristina.

Estaba muy triste cuando entró en la plaza. Sólo pensaba en el toro. Pensaba que probablemente el toro estaba triste también.

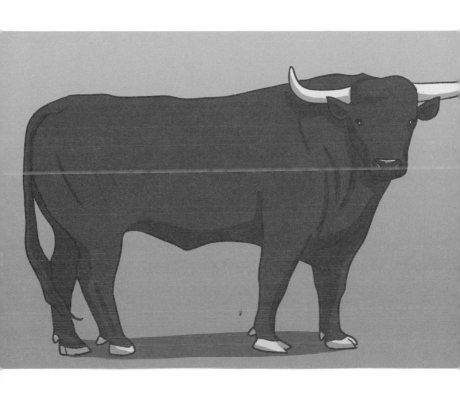

CAPÍTULO 8
No lo podía creer

La segunda corrida de toros de Cristina comenzó igual que la primera. Sonó una trompeta. Había muchos toreros en ropa hermosa de muchos colores. Había mucha gente muy emocionada. Después entró el toro. Era un toro grande y negro.

—Esta es una corrida buena —le dijo Julio—. Este toro es famoso.

—¿Un toro famoso? ¿Cómo es posible? —le dijo Cristina—. Yo pensaba que los matadores eran famosos, no los toros.

—Cristina, en España los toros son famosos. Los toros de las corridas son toros especiales. Son valientes, más valientes que toros normales. Nacieron especialmente para las corridas. En España nos encantan los toros.

"Tú quieres a tus toros tanto que los matas", pensó Cristina.

—Aquí viene el matador —le dijo Julio—. Es un matador bueno pero no es muy famoso. Se llama Luis Romero. Un toro casi lo mató hace dos años.

—¡Qué terrible! —le dijo Cristina.

—Pasó durante una corrida. El toro le pegó a Luis. Tuvo que pasar dos meses en el hospital. No pudo caminar por mucho tiempo. Tuvo que trabajar mucho para volver a torear.

—¡Ese matador realmente es valiente! —le gritó Cristina. Se sentía un poco tonta.

En la otra corrida de toros sólo pensó en el toro, no en el matador. Se le olvidó que los hombres se mueren también en las corridas.

—Mira. ¡Qué bonito es todo! —le dijo Julio—. Estos toreros son muy buenos.

Una corrida bonita no era posible según pensaba Cristina. Las corridas eran feas, raras y terribles.

Cristina miraba todo. Los toreros parecían bailarines en disfraces bonitos. Bailaban por la plaza de toros. El toro parecía danzar también. El toro corría bien rápido. Se acercaba cada vez más al matador. Pero cada vez en el último instante el matador saltaba a un lado y el toro no le pegaba.

—Bueno, Cristina, ¿qué piensas? —le preguntó Julio—. ¿Te gusta este espectáculo?

—No sé, Julio —le dijo Cristina. Su estómago ya no le dolía—. A mí me parece terrible matar un toro para divertirse.

Julio estaba sorprendido.

—Cristina —le dijo—. No matamos toros para divertirnos. Es un arte.

—¿Torear es un arte? —le preguntó Cristina.

—Sí —le dijo Julio—, un arte hermosa. Es una lucha para vivir.

—Sí pero es tan cruel —le dijo Cristina.

—No es cruel —le dijo Julio—. Estos toros tienen una vida buena. Comen comida buena. Después de un tiempo son fuertes. Son más fuertes y más valientes que otros animales. Son animales especiales. En la corrida demuestran su coraje. No son como otros toros, que sirven para hamburguesas. Honramos a los toros aquí. La corrida es el concepto español del honor, para el hombre y para el toro.

Cristina miró a Julio. Estaba emocionado y feliz. Realmente pensaba que los toros eran especiales. Pensaba que las corridas eran arte.

—Esta corrida es tan buena. El matador es tan bueno —le dijo Julio—. No puedo creer lo bueno que es el torero.

Cristina lo miraba todo. Era cierto. El toro era valiente. Luchaba con valor. La gente que miraba gritaba por el matador y por el toro. Se emocionaron y se pararon. Sacaron pañuelos y los movieron en el aire. Cristina no entendió lo que estaba pasando pero sabía que era algo especial. Julio se volvía loco.

—¡No lo puedo creer! —gritó Julio—. Esto casi nunca pasa. Un indulto.

—¿Qué es un indulto? —le preguntó Cristina.

—El matador no quiere matar al toro —le dijo Julio.

—¿Por qué? —le preguntó Cristina. Cristina estaba confundida—. El matador siempre mata el toro, ¿no?

—A veces el toro tiene tanto coraje que el matador no lo quiere matar —le explicó Julio.

—¡Estupendo! —le dijo Cristina.

Cristina comenzó a gritar por el toro:

—¡Viva el toro! ¡Viva el toro!

Cristina se sentía como fanática, como los otros que gritaban. Cuando gritaba para salvar la vida del toro, se sentía como española.

Entonces Julio dijo que el toro no iba a morir.

—Esto no pasa mucho —le dijo—. Tú tienes suerte.

Cristina tenía suerte porque las dos corridas que vio fueron corridas especiales. Tocaban música. La gente gritaba. Todos estaban contentos. Cristina pensó en el toro. Ella pensó que el toro era el más feliz de todos. Cristina estaba muy contenta porque el toro no estaba muerto. Estaba feliz también porque entendía las corridas de toros mejor. También entendía a la familia de Marco mejor y entendía España mejor.

—¿Te gustó la corrida? —le preguntó Julio mientras caminaban hacia la moto.

—Sí, estuvo bien. Estoy feliz porque el toro no murió.

—El toro tenía tanto coraje. No debía morir.

—Sí —dijo Cristina—, el toro era valiente.

—¿Quieres ir a comer algo? —le preguntó Julio.

—Sí —le dijo Cristina.

Fueron a un restaurante a comer. Hablaron de la comida. ¿Qué iban a pedir de comer? ¿Gazpacho? ¿Flan? ¿Tortilla española? ¿Paella? Toda la comida de España le parecía buena hoy. Hoy Cristina no se sentía como Cristina de América. Se sentía como Cristina de España.

Glosario

The words in the vocabulary list are given in the same form (or one of the same forms) that they appear in in the text of ¡Viva el toro! and only with meanings used in the text.

Unless a subject of a verb in the vocabulary list is expressly mentioned, the subject is third-person singu- lar. For example, acabó is given as only finished. In complete form this would be she, he or it finished.

A

a *to, at; also used before a person who receives the action of a verb*

abuelos *grandparents*

acaba de *just finished, just happened*

acabó *finished*

aceitunas *olives*

acerca de *about*

acercó: se acercó a *approached, went up to*

acostó: se acostó *lay down, went to bed*

acostumbrada a *used to, accustomed to*

actor de cine *movie actor*

acuerdo: de acuerdo *I agree*

además *besides, in addition*

adivina *guess (command)*

adónde *to where?*

afuera *outside*

agarró *grabbed*

ahora *now*

alcalde *mayor*

alegraba: se alegraba *was happy*

alejó: se alejó *went away*

algo *something*

alguien *someone*

algún *some*

allí *there*

almuerzo *lunch*

alrededor (de) *around*

alto *tall*

alumnos *students*

amistosa *friendly*

anillo *ring*

año *year*

anoche *last night*

antes *before*

antiguo *old*

apariencia *appearance*

aprendió *learned*

aquí *here*

árboles *trees*

arena *sand*

arriba: arriba de *above*

asco: ¡qué asco! *how disgusting!,*
  how gross!

así *like this*

asientos *seats*

asistían *they attended*

aún *even*

aunque *even though, although*

avión *airplane*

ayudaba *helped*

azul *blue*

B

bailaban *they danced*

bajaba *put down, lowered*

barco *boat*

bastante *quite, rather*

bebieron *they drank*

bella *beautiful*

beso *kiss*

bienvenida *welcome*

bocadillos *sandwiches*

boletos *tickets*

bonita *pretty*

brazos *arms*

brillan *they shine*

buscó *looked for*

C

cabían *they fit (past)*

cada *each, every*

caes: me caes bien *I like you*

calle *street*

calor *heat*

  hace calor *it's hot*

    hacía calor *it was hot*

    tenía calor *she was hot*

cama *bed*

cambiaría *would change*

camisa *shirt*

campo *field*

cansada *tired*

capa *cape*

capilla *chapel*

cara *face*

carne *meat*

caros *expensive*

carro *car*

cartero *mailman*

cascada *waterfall*

casi *almost*

caso: no les hacía caso *he didn't pay any attention to them*

cena *dinner*

cerca: cerca de *near*

césped *grass*

cierto *true, certain*

cine: actor de cine *movie actor*

cita *date*

ciudad *city*

cobija *blanket*

coche *car*

cocina *kitchen*

cogió *he grabbed*

cola *tail, line, cola*
  hacer cola *to wait in line, to get in line*

comida *food*

compañeros: compañeros de la escuela *schoolmates*

compran *they buy*

conmigo *with me*

conocen *they know, they're familiar with*

contigo *with you*

contó *she told*

contra *against*

corrida de toros *bullfight*

corrió *he ran*

cosa *thing*

costó *it cost (past)*

creo *I believe, I think*

cruz *cross*

cuello *neck*

cuéntame *tell me*

cuernos *horns*

cuerpo *body*

cuestan *they cost (present)*

D

dan *they give*

daño: no les hacía daño *he didn't hurt them*
  sin hacerse daño *without getting hurt*

debía *should (past)*

debido: debido a *because of*

decía *she said, he said*

dejó *he left*

demasiado *too much*

demostraba *he showed, demonstrated*

dentro: dentro de poco *soon*

deporte *sport*

descansa *rest (command)*

desde *from*

desfile *parade*

despertó *woke up*

después *afterwards, later, then*

　después de *after*

detenerlas *stop them*

detestaba *hated*

detrás: detrás de *behind*

dicho *a saying*

dientes *teeth*

dieron *they gave*

difícil *difficult*

dijo *she or he said*

dinero *money*

dio *he gave*

diría *would say*

disfraces *costumes*

divertido *fun, amusing*

dolía *hurt (past)*

domingo *Sunday*

dónde *where*

dulces *sweets*

durante *during*

durmió *slept*

duro *hard, difficult*

E

e *and*

edificio *building*

empezó *started*

enamorada *in love*

encanta: me encanta *I love*

encontraron *they found*

enfadado *mad, upset*

enferma *sick*

enojada *mad, angry*

enseñaban *they taught*

entendió *he understood*

entienden *they understand*

entre *between*

entró *entered*

era *was*

escuchaba *listened, heard*

ese *that*

eso *that*

espada *sword*

esperaba *waited, hoped*

espero *I hope*

estaría *would be*

estrecha *narrow*

estuvo *was*

evitarlo *avoid it*

explicó *explained*

extendió *extended*

extrañaba *missed*

F

fácil *easy*

feo *ugly*

fin *end*

flamenco *Spanish dance*

flan *custard dessert*

frente: (en) frente de *in front of*

fresco *fresh*

fría *cold*

fue *went*

G

ganas: tienes ganas (de) *you feel
like*

gazpacho *cold tomato and
vegetable soup*

gente *people*

gracioso *funny*

gran *great*

gritó *yelled*

guapísimo *really good-
looking*

guerra *war*

gustaría: me gustaría *I would
like*

gustó: te gustó *you liked*

H

había *there was, there were*

  había visto *had seen*

habían: habían encontrado *they
had found*

habló *spoke*

hace:

  hace calor *it's hot*

  hace dos años *two years ago*

  hace fresco *it's cool*

  hace mucho tiempo que *it's
been a long time since*

  hace sol *it's sunny*

hacer *to do*

hacer cola *to wait in line,
to get in line*

  sin hacerse daño *without*

G5

getting hurt
hacía *did, made*
  hacía calor *it was hot*
  hacían preguntas *they asked questions*
  no les hacía caso *he didn't pay any attention to them*
  no les hacía daño *he didn't hurt them*
has *you have*
hasta *until*
hay *there is, there are*
hecho *done, made (participle)*
hermanos *brothers or brothers and sisters*
hermosa *beautiful*
hermosura *beauty*
hijos *sons or sons and daughters*
hizo *did, made*
hombre *man*
hora(s) *hour(s), time*
hoy *today*

I

iba *was going, went*
  le iba bien *things were going well for her*

iglesia *church*
igual *same*
igualmente *likewise, same to you*
incómodos *uncomfortable*
indulto *reprieve, pardon*
iría *would go*

J

jardines *gardens*
jóvenes *young people*
jugaba *played*

L

lado *side*
lancha *boat*
largo *long*
leían *they read (past)*
lejos *far, a long way*
levantó: se levantó *got up*
leyendo *reading*
libros *books*
limpiaba *cleaned*
limpió *cleaned*
llamaba: se llamaban *they were called*
llegaron *they arrived*
llevaba *was wearing, was carrying*

llevó *took, carried*

lloraba *cried*

luces *lights*

lucha *fight*

luego *later*

lugar *place (noun)*

M

mal *bad*

maletas *suitcases*

manera *way, method*

mano *hand*

matador *killer, bullfighter*

mató *killed*

mayoría *majority, most*

media *half*

mejilla *cheek*

mejor *better*

  el mejor, la mejor *best*

mencionó *mentioned*

menor *younger*

menos *less, except*

  por lo menos *at least*

mesa *table*

meses *months*

miedo *fear*

  tenía miedo *she was afraid*

le daba miedo *scared her*

mientras *while*

miró *looked, looked at*

misma *same*

molestan *they bother*

monja *nun*

mono *monkey*

morado *purple*

morir *to die*

moto *motorcycle*

movía *moved*

muerte *death*

muerto *dead*

mujer *woman*

mundo *world*

murió *died*

museo *museum*

N

nací *I was born*

nación *nation*

nada *nothing*

nada *nothing*

  más que nada *more than*

nadie *no one, nobody*

ni *nor, neither*

  ni siquiera *not even*

ninguna *not one, no (adj)*

noche *night*

nos *to us, for us*

nosotros *we*

nuestra/o(s) *our*

nueva *new*

nuevo(s) *new*

  de nuevo *again*

nunca *never*

O

o *or*

odiaba *hated*

olor *smell*

olvidó *forgot*

oreja *ear*

oro *gold*

otra/o(s) *another, other(s)*

oyó *heard*

P

paella *Spanish rice dish*

país *country*

palabras *words*

palos *sticks*

pan *bread*

pañuelos *handkerchiefs*

para *for, in order (to)*

parecía *seemed, appeared*

pared *wall*

partidos *games*

pasa *spends (time), goes by, passes (time), is happening*

  lo pasamos bien *we had a good time*

pasear *to ride around or walk around*

pata *hoof, paw*

pedazos *pieces*

pedir *order, request (verb)*

pegó *hit (past)*

peleando *fighting*

película *movie*

peligroso *dangerous*

pelo *hair*

pensaba *thought*

pensaría *would think*

pensó *thought*

pequeño *small*

perdieron *they lost*

pero *but*

perro *dog*

perseguía *chased, persued*

pesadas *heavy*

pescado *fish*

picador *bullfighter on a horse*

picó *poked*

pie *foot*

piensas *you think*

placer *pleasure*

plata *silver*

podía *could (past), was able*

postre *dessert*

preguntó *asked*

premio *award, prize*

primera *first*

probar *to try, to taste*

pronto *soon*

próximo *next*

pudo *could, was able (past)*

pues *well*

puso *put (past)*

Q

que *that, than*

qué *what, how, what a*

quedaron *they stayed*

quería *wanted*

quesos *cheeses*

quién *who*

quitó *took away*

R

rabo *tail*

raras *strange*

rato *a while, a short time*

razas *races (people)*

razón: tenga razón *she's right*
  tiene toda la razón *she's absolutely right*

recibió *received*

recibir *to receive*

reconocieron *they recognized*

redonda *round*

refrescos *soft drinks*

reía *laughed*

reloj *watch*

repitió *repeated*

respondió *responded, answered*

restaurante *restaurant*

río *river*

rió *laughed*

ropa *clothes*

ruido *noise*

S

sabía *knew, knew how to*

sacar *to take out*

sacerdotes *priests*

sacó *took out*

salió *left*

saltaba *jumped*

saludaron *they greeted*

salvar *to save*

sangre *blood*

santos *saints*

sea *I am, me to be*

secondaria *secondary*

seguía *followed*

seguida: en seguida
   at once, immediately

según *according to*

semana *week*

señaló *pointed to*

sentado *seated*

sentía: se sentía *felt*

siempre *always*

siglo *century*

significa *means (verb)*

siguientes *following*

siguió *followed*

simpático *nice*

sin *without*

siquiera: ni siquiera
   not even

sirven *they serve*

sobre *over, about*

sol *sun*

sólo *only (adverb)*

sombra *shade*

sombrero *hat*

somos *we are*

sonó *rang*

sonreía *smiled*

sonriendo *smiling*

sonrió *smiled*

sonrisa *smile (noun)*

sopa *soup*

soportaba *put up with*
   (past)

sorprendido *surprised*
   (adjective)

sorpresa *surprise (noun)*

subieron *they climbed*

suerte *luck*

supo *found out*

supuesto: por supuesto
   of course

sus *his, her, your, their*

T

tal *such*

también *also*

tan *so*

tanta *so much*

tapas *Spanish appetizers*

taquilla *ticket office*

tarde *afternoon, late*

tarea *homework*

tarta *cake*

tendría *would have*

tiempo *time, weather*

tiendas *stores*

tío *uncle*

tirárselo *to throw him to him (to the bull)*

toalla *towel*

tocaban *they touched*

toda *all*

todavía *still*

toreros *bullfighters*

toro *bull*

torre *tower*

trabajaba *worked*

traje *suit*

trató *tried to*

triste *sad*

tristeza *sadness*

trompeta *trumpet*

tu *your*

tú *you*

tumba *tomb*

tuvo *had*

U

último/a *last*

un, una *a, an, one*

unas *some*

único/a *only*

Unidos: Estados Unidos *United States*

universidad *university*

unos *some*

V

vale *OK*

valiente *valiant, brave*

varias *various, several*

ve *sees*

veces *times*

  a veces *sometimes, at times*

ven *they see; come (command)*

vendía *sold*

venir *to come*

ventana *window*

veo *I see*

ver *to see*

verdad *truth*

verguenza *shame*

vez *time*

vi *I saw*

viajar *to travel*

viaje *trip (noun)*

  de viaje *on a trip*

vida *life*

vidas *lives (noun)*

vieja/o *old*

viene *comes*

vienes *you come*

visita *visit (noun)*

visitar *to visit*

visto: ha visto *has seen*

viva *live*

vive *lives (verb)*

viven *they live*

vivimos *we live*

vivir *to live*

vivos *alive*

volver *to return, to come back, to go back*

voy *I go*

voy a *I am going to*

voz *voice*

vuelta: se da la vuelta *turns around*

Y

ya *already, now*

yo *I*

Z

zapatos *shoes*

Level 1 novels

Bart quiere un gato
Under 70 unique words

The first choose your own adventure style reader is a hilarious story about a character on an adventure to procure a feline. With twists and turns galore students will love the ability to decide Bart's fate.

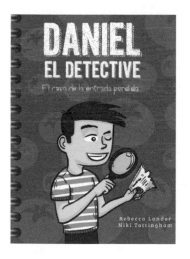

Daniel el detective
Under 150 unique words

Daniel lives in Spain and dreams of becoming a detective like Sherlock Holmes. He receives a ticket for La Tomatina. When Daniel wakes up in the morning, he discovers his ticket is missing!

Level 2 novels

Mi propio auto
Under 300 unique words

Ben is a teenager that wants a new car for his birthday. He works in El Salvador to help rebuild houses after an earthquake so that his parents will buy him a new car. What will Ben learn about life and himself when spends his summer in a new culture?

¿Dónde está Eduardo?
Under 300 unique words

Summer vacation is beginning for 17-year-old Carmen. She is looking forward to spending a lot of time with her friends. Her plans change when she has to help Eduardo travel. The problems start once they set foot on the airplane. One crisis follows another.

La Estatua
Under 300 unique words

When Lola's dad returns home from a trip to the Yucatan Peninsula in Mexico, he brings a special gift. It isn't the gift they all expected because this gift has mystical powers that haunt the family. Find out what Lola can do to escape the powers of the Chacmool and rescue her family from its terror.

El viaje perdido
Under 300 unique words past

Carlos and Jaime from Ohio travel to Puerto Rico on a Caribbean cruise. The fun quickly ends as they find themselves stranded without any money, resources, or contacts. What will happen when Carlos and Jaime get caught in a lie during their lost trip?

Advanced novels

Todo lo que Brilla

Two friends face danger and adventure in the jungles and mines of Ecuador. Based on amazing and true events, this novel is an action packed adventureromance that will keep students engaged until the last page.

Casa Dividida

José, the son of one of Cuba's wealthiest tobacco tycoons, and Luisa, a peasant sugar cane cutter, see their country turned upsidedown by the Cuban Revolution. Based on true events, this novel chips away at political propaganda with a gripping tale of battlefield heroism, international espionage, economic collapse, and human compassion.